Fachliche Beratung:
Wolfgang Funke

Übersetzung der deutschen Ausgabe: Heike Papenfuß

Die Deutsche Bibliothek – CIP-Einheitsaufnahme

Was tut sich in meinem Körper?
Text von Chantal Henry-Biabaud. Ill. von Liliane Blondel.
[Übers. der dt. Ausg.: Heike Papenfuss]. –
Ravensburg: Ravensburger Buchverl. Maier, 1996
(Die Welt entdecken)
Einheitssacht.: Le corps, une merveilleuse machine <dt.>
ISBN 3-473-35780-4
NE: Henry-Biabaud, Chantal; Blondel, Liliane; Papenfuss, Heike [Übers.]; EST

96 97 98 3 2 1

ISBN 3-473-35780-4

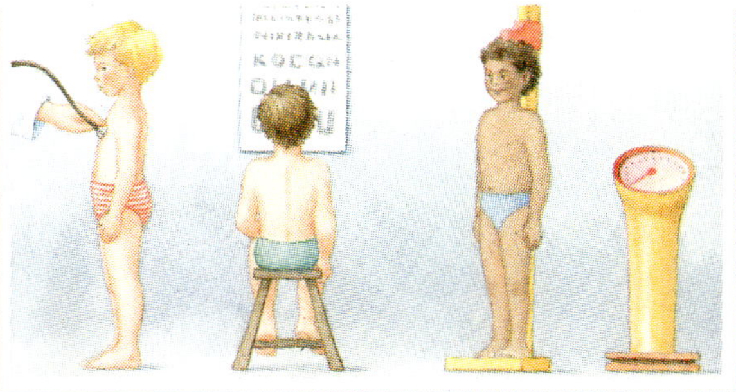

Was tut sich in meinem Körper?

Text von Chantal Henry-Biabaud
Illustrationen von Liliane Blondel

DIE WELT ENTDECKEN

Alle ähneln sich und sind doch verschieden.

Ob klein oder groß, dick oder dünn, jung oder alt, blond, rothaarig oder braun, weiß, gelb oder schwarz: Wir haben alle eine ähnliche Gestalt.

Wir haben einen Kopf mit Haaren, zwei Augen, zwei Ohren, eine Nase und einen Mund. Am Rumpf befinden sich zwei Arme und zwei Beine. Die Wirbelsäule stützt unseren Körper, damit wir uns aufrecht halten können.

Es ist kein Zufall, daß wir uns gleichen:
Du und ich, wir alle sind Menschen.

Es ist unmöglich, einen Menschen mit einem Tier oder einer Sache zu verwechseln:
Du hast dich sicher noch nie geirrt und immer den Unterschied zwischen einem Kind, einem Hund, einer Puppe oder einer Spielzeugspinne erkannt.

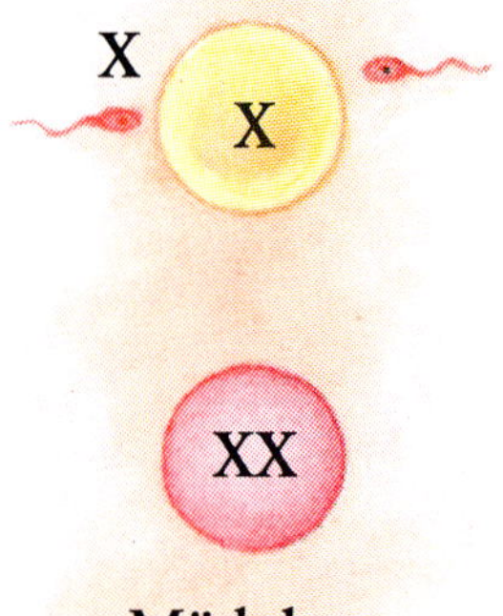

Mädchen

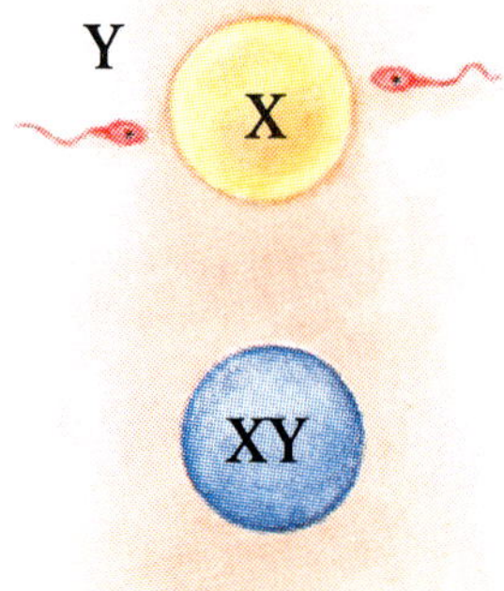

Junge

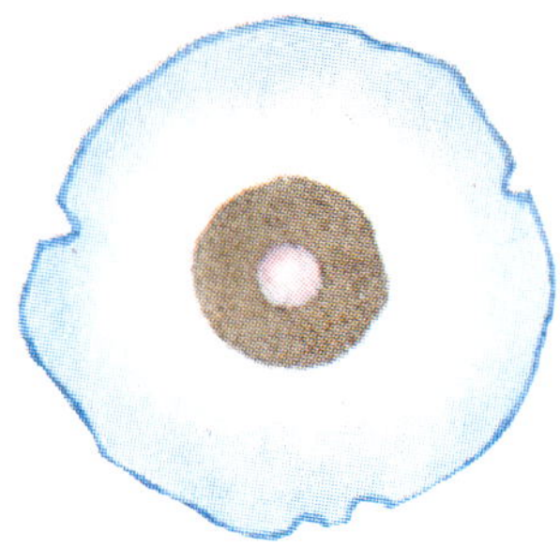
Eine Zelle

Wie wird man Mädchen oder Junge?

Ein Kind kann entstehen, wenn sich ein Mann und eine Frau lieben und miteinander schlafen. Dabei steckt der Mann seinen Penis in die Scheide der Frau. Dann kann sich im Körper der Frau eine weibliche Zelle mit einer männlichen verbinden.
Ob du als Junge oder Mädchen geboren wirst, ist Zufall. Das bestimmen winzige Gebilde in den Zellen, die Chromosomen.
In der Eizelle im Bauch der Frau befindet sich ein Chromosom in der Form eines X. Das Chromosom im Sperma des Mannes, das aus dem Penis kommt, kann die Form von einem X oder einem Y haben. Treffen nun zwei X-Chromosomen zusammen, wird es ein Mädchen, sind es ein X- und ein Y-Chromosom, die da zusammenkommen, so wird es ein Junge.

Bei den Tieren wird das Geschlecht genauso entschieden wie bei den Menschen.

Jede Zelle deines Körpers wächst ständig.
Von der ersten Sekunde des Lebens an wachsen wir: zunächst als Embryo, dann als Fötus. Dann wirst du geboren, bist Kind, Jugendlicher, Erwachsener. Erwachsene werden nicht mehr größer. Aber auch sie verändern sich langsam. Sie werden älter und mit den Jahren körperlich schwächer. Eines Tages werden sie sterben. Aber mit ihren Kindern geht das Leben weiter.

Manchmal bricht man sich einen Knochen: Er wird eingegipst, damit er in Ruhe heilen kann.

Ohne Skelett könntest du nicht aufrecht stehen.

Wenn du deinen Finger anfaßt, spürst du etwas Hartes: einen Knochen. In deinem Körper gibt es über 200 verschiedene Knochen in allen möglichen Größen und Formen. Einige haben seltsame Namen, zum Beispiel: Sprungbein. Die kleinsten Knochen sitzen tief in deinem Ohr. Andere, wie die Zähne, sehen gar nicht aus wie Knochen. Die Knochen helfen dir, aufrecht zu stehen.

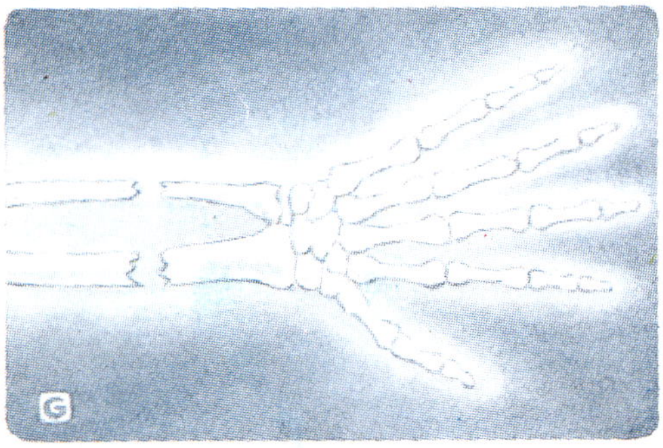

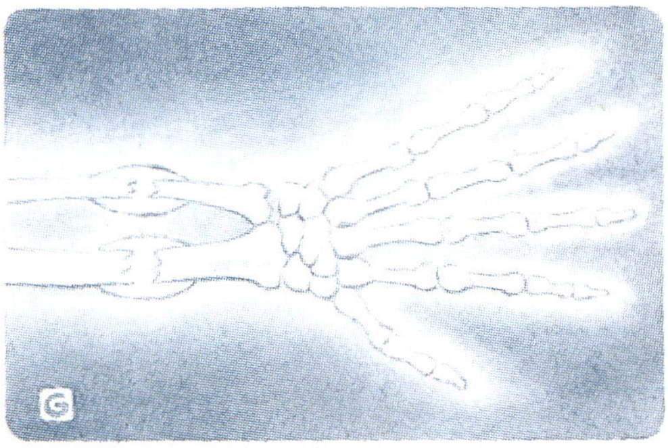

Am Bruch bildet sich eine „Knochennarbe“.

Sie schützen dein Gehirn, dein Herz, deine Lunge und alle empfindlichen Organe. Sie bilden das Skelett.

Manche Tiere wachsen während ihres ganzen Lebens.

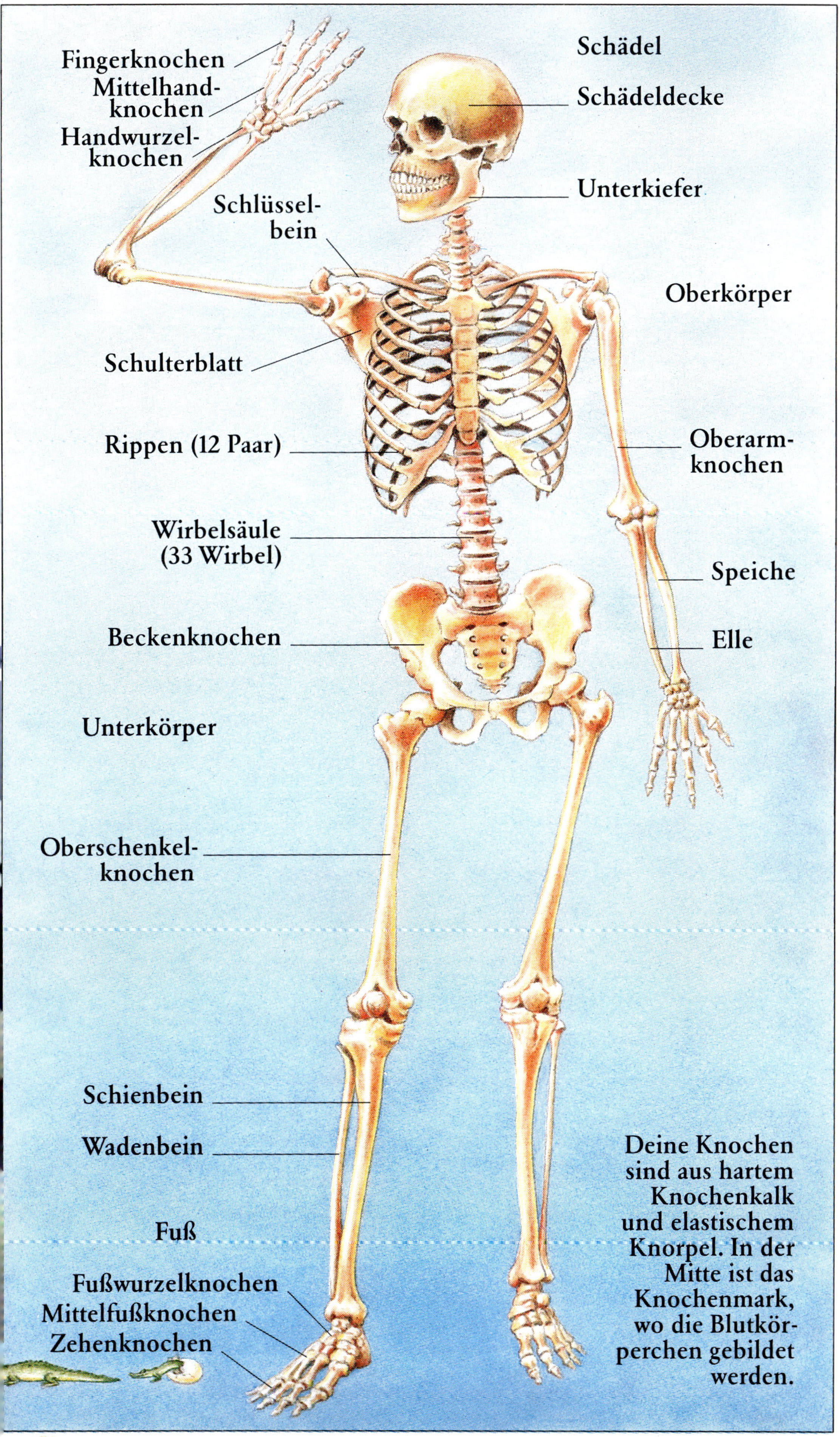

Deine Knochen sind aus hartem Knochenkalk und elastischem Knorpel. In der Mitte ist das Knochenmark, wo die Blutkörperchen gebildet werden.

Von alleine können sich deine Knochen nicht bewegen.

Sie brauchen die Muskeln.

Damit die Muskeln wissen, was sie tun müssen, sendet ihnen das Gehirn über die Nerven Befehle. Du hast mehr als 500 einzelne Muskeln. Große, wie die in deinen Waden, und kleine, die deine Augen bewegen.

Das Herz ist ein besonderer Muskel: Es schlägt von alleine, ohne daß du dich anstrengen mußt.

Damit deine Muskeln arbeiten können, brauchen sie Energie, so wie ein Auto Benzin braucht, um zu fahren.

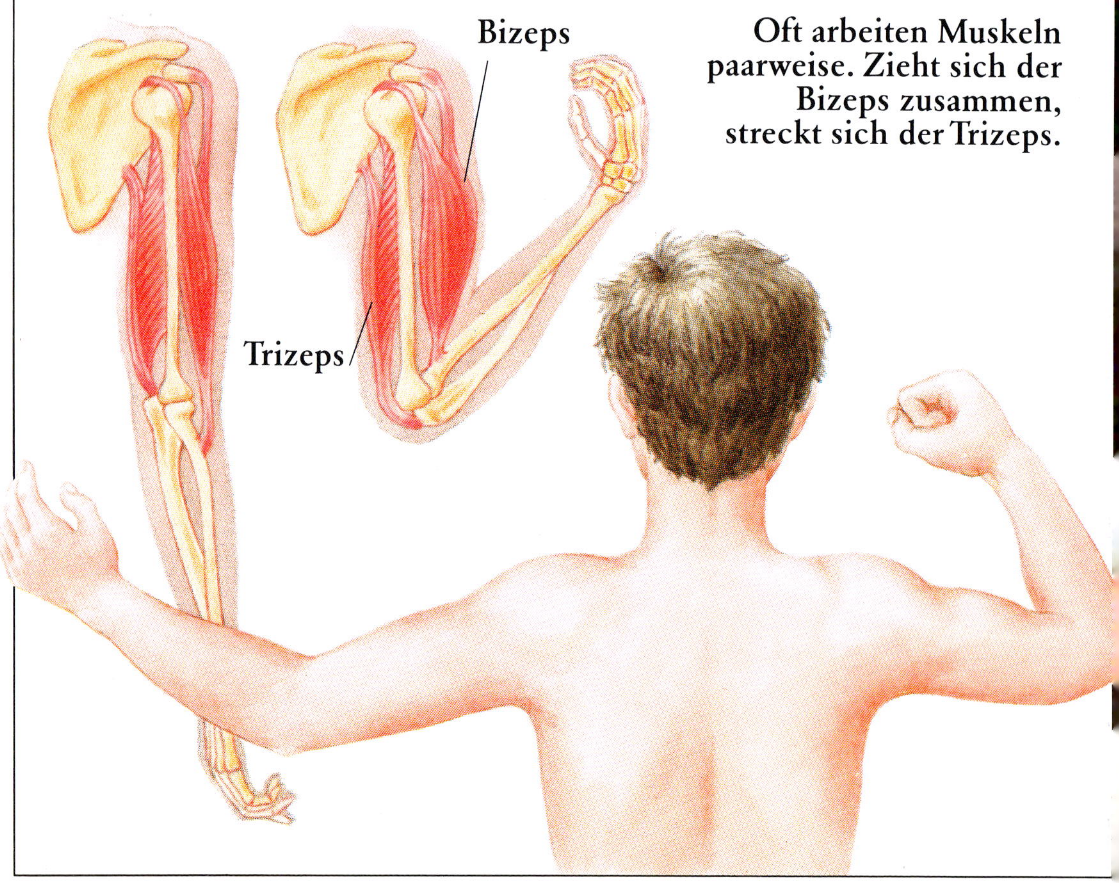

Oft arbeiten Muskeln paarweise. Zieht sich der Bizeps zusammen, streckt sich der Trizeps.

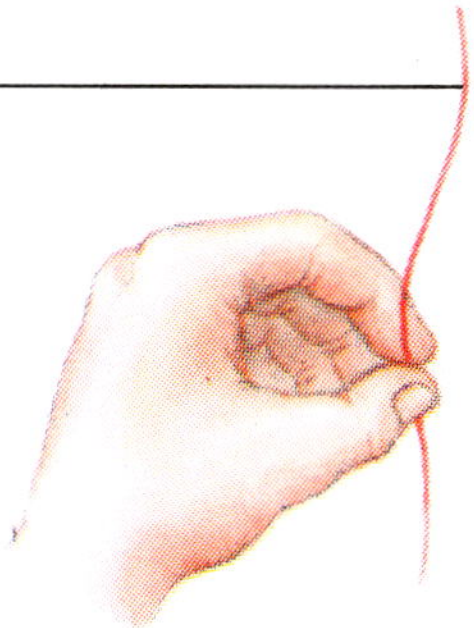

Aufgrund deiner Muskeln kannst du Gegenstände festhalten. Kleinen Kindern fällt es schwer, einen dünnen Faden mit zwei Fingern zu halten.

Mit dem täglichen Essen kommen Nährstoffe ins Blut. Das Blut transportiert sie zu den Muskeln.

Nur durch das Zusammenspiel vieler Muskeln kannst du dich bewegen und hoch in die Luft springen.

Wann bekommt man Muskelkater?

Wenn du dich beim Sport übcranstrcngt hast, bekommst du Muskelkater. Die Muskeln tun weh. Lockere Bewegung läßt ihn schneller verschwinden als Untätigkeit.

Zerrungen oder gar Risse von Muskeln beim Sport vermeidet man durch Warmlaufen oder Gymnastik.

Die Haut besteht aus drei Schichten: der Oberhaut, der Lederhaut und der Unterhaut. Der Name Lederhaut kommt daher, weil diese Schicht bei Tieren zu Leder verarbeitet wird.

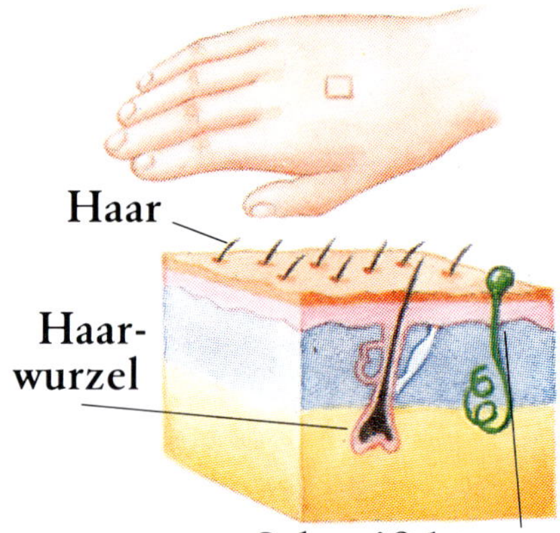

Die Haut schützt deinen Körper rundum wie ein dichter Mantel.

Die Hornschicht der Oberhaut gleicht einer festen Mauer, die keine Krankheitskeime durchläßt. Die Unterhaut und die Lederhaut enthalten Talgdrüsen, die Fett absondern. Dieses Fett ist für deinen Körper lebenswichtig, denn es hält deine Haut zart und geschmeidig und ist ein zusätzlicher Isolierschutz für sie. Die Haut hilft dir, dich anzupassen an Kälte oder Hitze.

Zuviel Sonne schadet. Die Haut wird verletzt, und du bekommst einen schmerzenden Sonnenbrand.

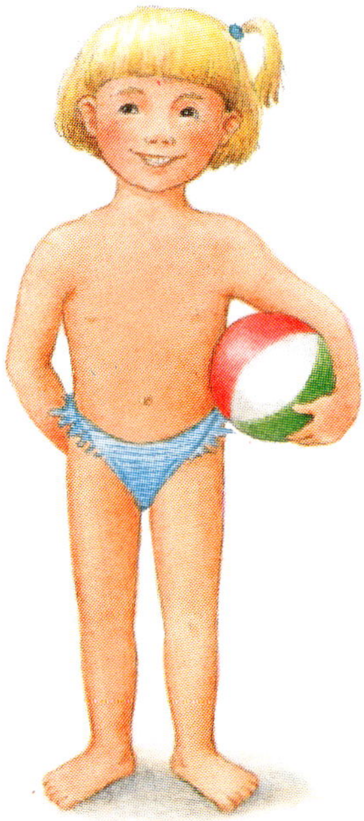

Im Sommer trägst du leichte,
im Winter warme Kleidung.
So hilfst du der Haut bei
ihrer Schutzfunktion.
Denn die Haut atmet.

Wenn es heiß ist, schwitzt du. Es bilden sich kleine Wasserperlen auf der Haut. Die Schweißdrüsen in der Haut produzieren sie. Verdunstet der Schweiß, kühlt er dabei die Haut und den Körper.
Bei Kälte zieht sich die Haut zusammen. So wird die Wärme besser im Körper gehalten. Dann bekommst du manchmal eine Gänsehaut.
Schmutz und Staub verstopfen die Öffnungen der Schweiß- und Talgdrüsen (die Poren). Beim Waschen entfernst du Schmutz, eingetrockneten Schweiß und Fett. Die Haut produziert sofort eine neue Fettschicht.

Eine Katzenwäsche genügt meist nicht. Mit dem Waschlappen reinigst du gründlich das Gesicht.

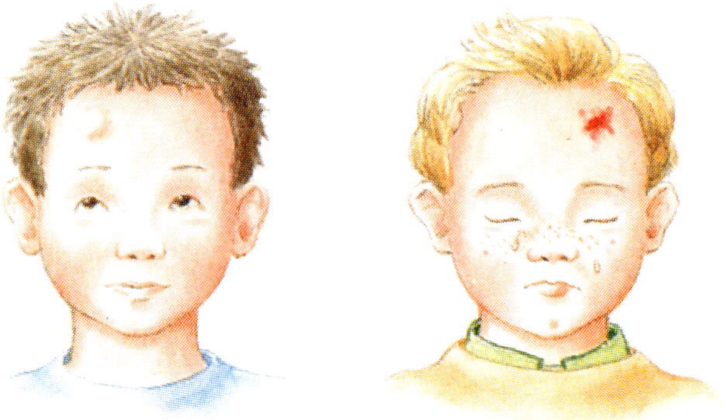

Ein Zusammenstoß, und schon hast du eine Beule, eine blutende Wunde, eine Schramme, einen blauen Fleck oder alles zusammen.

Wunden und Beulen.

Deine Haut ist widerstandsfähig und schützt dich. Aber manchmal stößt du dich an oder fällst hin. Dann bekommst du vielleicht einen blauen Fleck. Blut hat sich unter der Haut im Bindegewebe aufgestaut, weil kleine Äderchen geplatzt sind. Die Haut selbst ist unverletzt. Ist dein Knie aufgeschürft, so hilft oft ein kleines Heftpflaster. Eine blutende Wunde muß erst gereinigt und dann steril verbunden werden. Meist heilen diese kleinen Wunden rasch.

An einem Bügeleisen, mit kochendem Wasser aber auch an einer heißen Glühbirne kannst du dich leicht verbrennen. Tauchst du die Verbrennung rasch in kaltes Wasser, lindert das den ersten Schmerz.

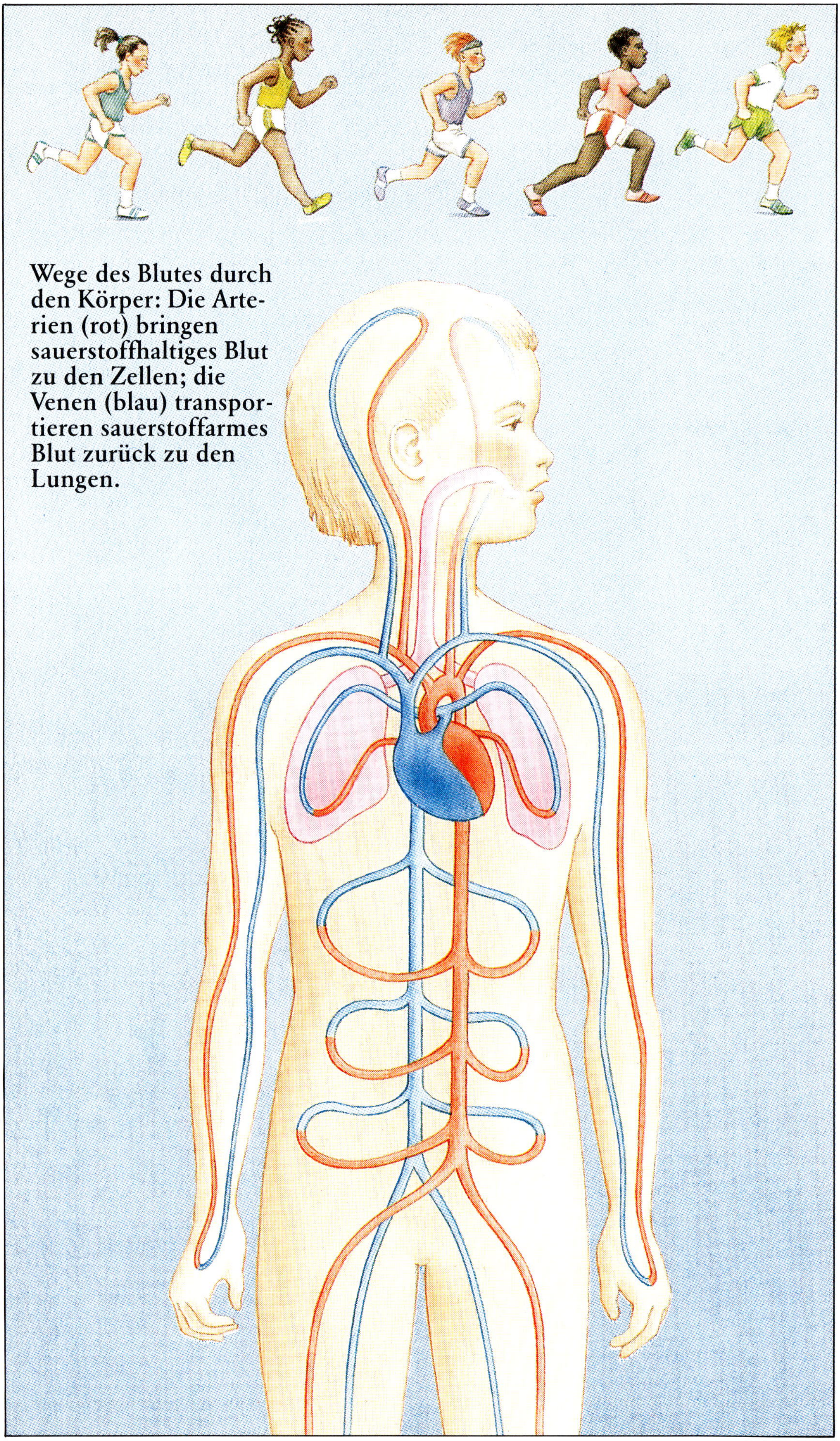

Wege des Blutes durch den Körper: Die Arterien (rot) bringen sauerstoffhaltiges Blut zu den Zellen; die Venen (blau) transportieren sauerstoffarmes Blut zurück zu den Lungen.

Fühle deinen Puls. Du spürst das Klopfen deines Blutes in der Ader.

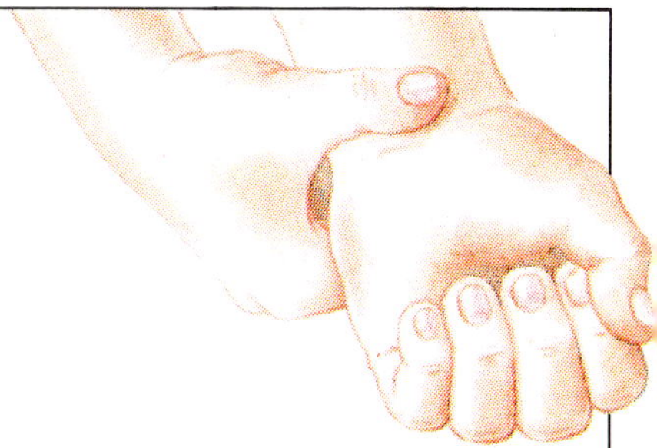

Ohne Unterbrechung schlägt das Herz in deiner Brust.

Dein Herz schlägt ungefähr siebzigmal in der Minute. Sein Rhythmus wird schneller, wenn du dich anstrengst, und langsamer, wenn du schläfst.

Das Herz ist der Motor deines Körpers. Es schickt das Blut in den Blutkanälen durch den ganzen Körper. Diese Blutgefäße sehen aus wie weiche, geschmeidige Schläuche. Sie werden immer feiner, je weiter sie sich vom Herzen entfernen.

Es gibt zwei Arten von Blutgefäßen: die Arterien, die vom Herzen weggehen, und die Venen, die zum Herzen hinführen. Der Blutkreislauf ist wie die Einbahnstraßen im Straßenverkehr geregelt: Das Blut fließt immer nur in eine Richtung.

Du hast in deinem Körper drei bis vier Liter Blut, das tausendmal am Tag durch dein Herz fließt.

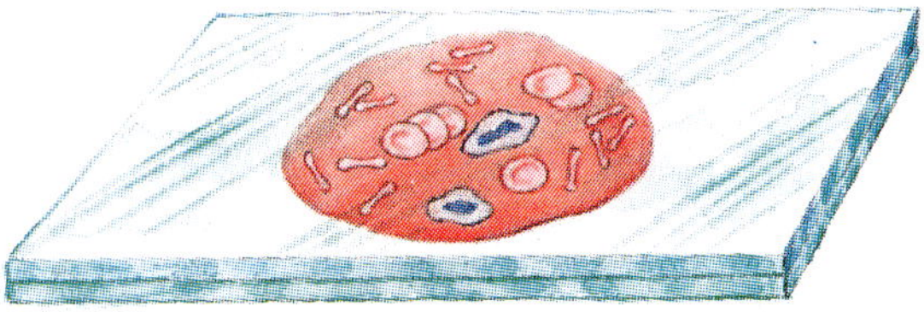

Ein Tropfen Blut unter dem Mikroskop.
In der Blutflüssigkeit siehst du viele Zellen, die Blutkörperchen.

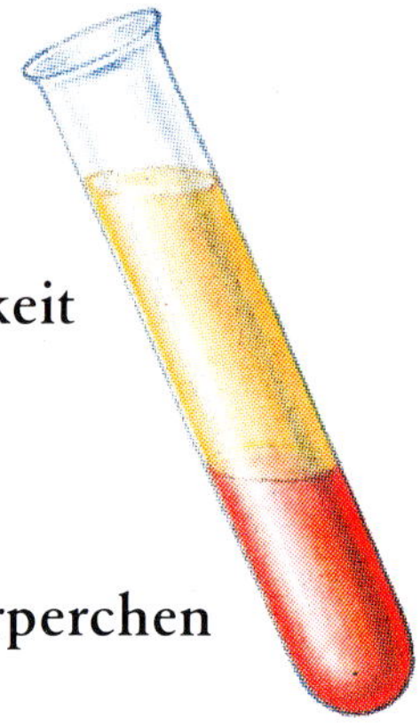

Wenn du dich schneidest, fließt Blut.

Es ist rot und ein bißchen dickflüssig. Es besteht aus der Blutflüssigkeit, in der zahlreiche Zellen schwimmen. Das sind die roten und weißen Blutkörperchen und die Blutplättchen.

Jede Zelle hat ihre Aufgabe.

Die roten Blutkörperchen transportieren den Sauerstoff von der Lunge zu den Zellen und den zu Kohlendioxid umgewandelten Sauerstoff zurück zur Lunge. Dort atmen wir ihn aus. Die weißen Blutkörperchen sind eine Art Körperpolizei. Sie wehren Krankheitserreger ab.

Kratze Wundschorf nicht ab. Er hindert Krankheitserreger, einzudringen.

Wenn du Nasenbluten hast, ist ein kleines Blutgefäß in deiner Nase verletzt.

Die winzigen Blutplättchen eilen herbei, wenn ein Blutgefäß verletzt ist.

Bei einem aufgeschlagenen Knie sind sie sofort am Werk. Sie hängen sich aneinander und bilden dadurch eine Art Netz. Das hindert das Blut am Fließen. Es entsteht eine Blutkruste, der Schorf. Der Schorf ist fast wie ein körpereigenes Pflaster. Wenn die Wunde wieder verheilt ist, fällt der Schorf ab. Die Haut darunter ist heil.

Nicht jeder hat genau das gleiche Blut. Es gibt vier verschiedene Blutgruppen: 0 (Null), A, B und AB.

Die Blutplättchen decken die Wunde ab.

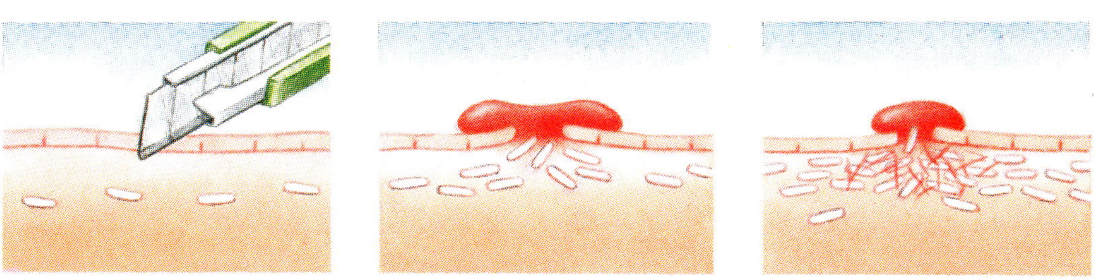

Eine Blutkruste bildet sich. Darunter „nähen“ besondere Zellen die Wunde, und nach einigen Tagen ist alles repariert.

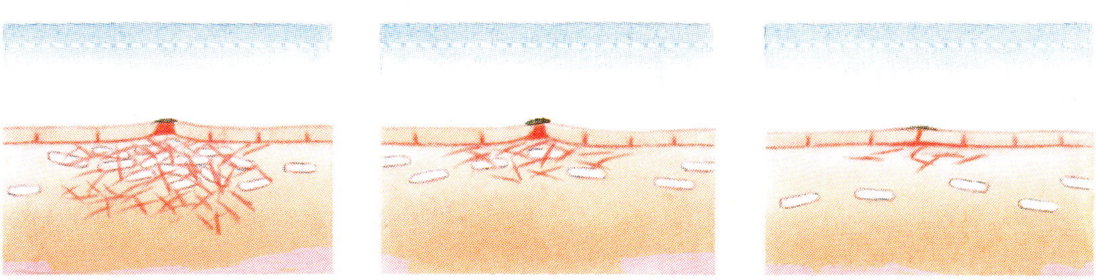

Wenn es draußen kalt ist und du ausatmest, siehst du deinen Atem als weiße Wolke, denn er ist wärmer als die Außenluft.

Je höher man in den Bergen steigt, desto weniger Sauerstoff ist in der Luft.

Die Stimme ist ein Ton, der entsteht, wenn du ausatmest. Dabei streicht Luft über die Stimmbänder in der Kehle, sie beginnen zu schwingen.

Nach der Geburt atmet jedes Baby sofort Sauerstoff ein. Damit beginnt die Atmung. Seither atmest du. Du kannst die Luft anhalten. Aber mit dem Atmen einfach aufhören kannst du nicht.

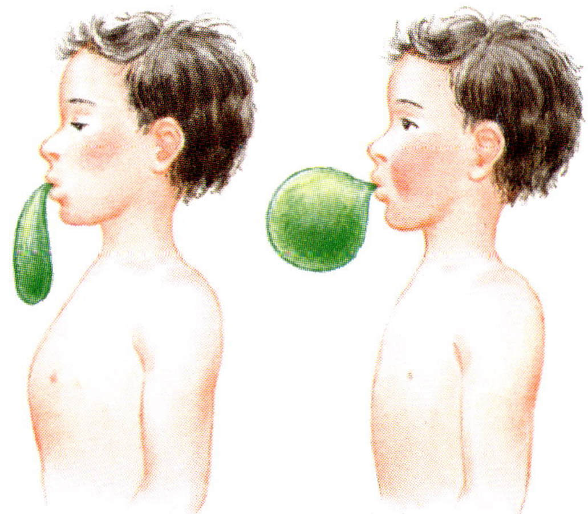

Die Brust wölbt sich: Du atmest ein. Die Brust senkt sich: Du atmest aus.

Die Atemluft fließt durch den Mund und die Nase in deinen Körper. Kleine Härchen in der Nase halten Staub und Krankheitserreger fest. Beim Naseputzen werden sie entfernt. In der Lunge mischen sich Luft und Blut. Das Blut nimmt den Sauerstoff aus der Luft auf und gibt das Kohlendioxid aus dem Körper ab. Es ist in der Luft, die du ausatmest.

Manche Menschen reagieren empfindlich auf Katzenhaare, Vogelfedern oder Blütenpollen. Wenn sie damit in Berührung kommen, müssen sie niesen, und die Augen röten sich. Man nennt diese Menschen Allergiker.

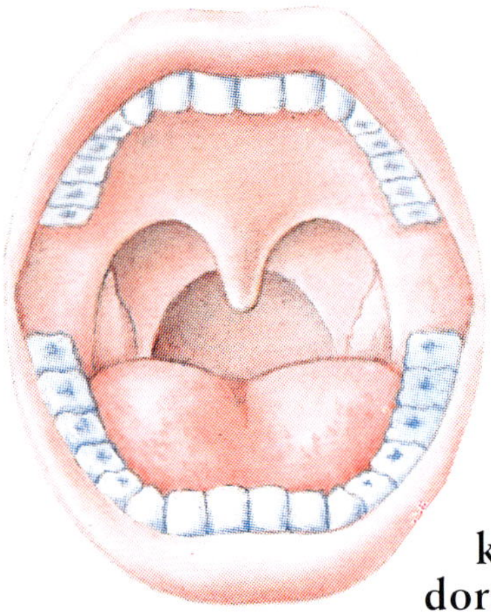

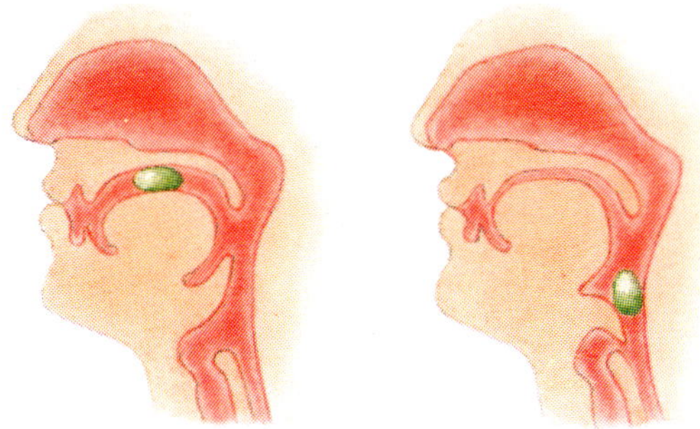

Wenn du schluckst, verschließt der Kehlkopfdeckel die Luftröhre, damit kein Essen dort hinunterrutscht.

Eine lange Reise: Der Weg der Nahrung.

Du ißt, damit du Kraft hast und wächst.

Die Verdauung

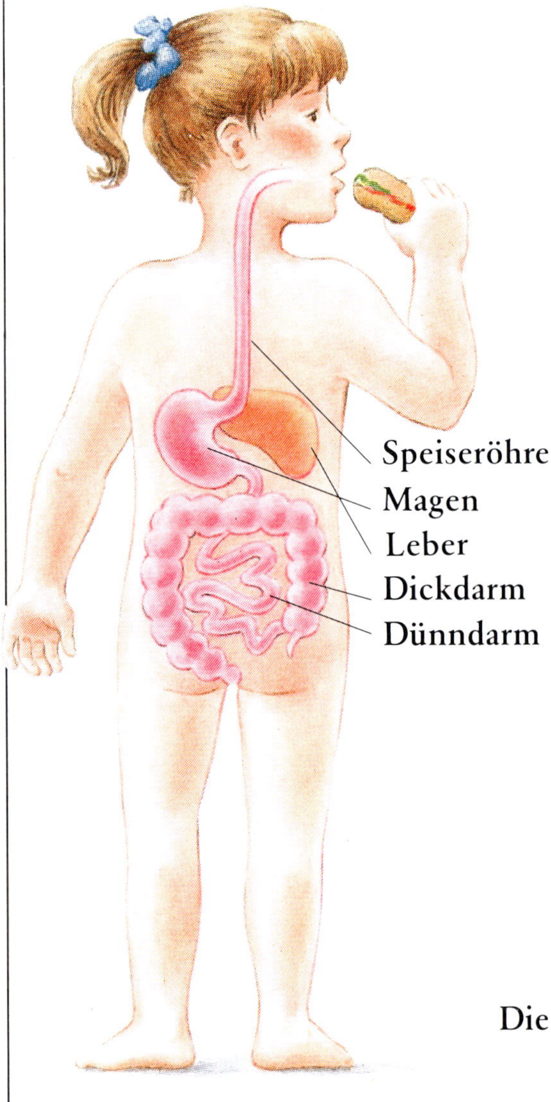

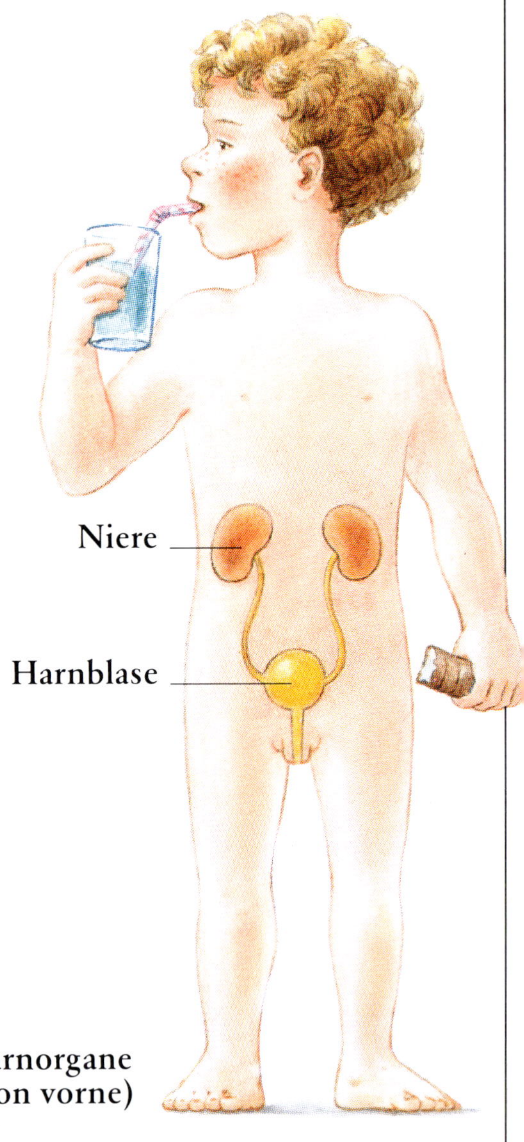

Die Harnorgane
(von vorne)

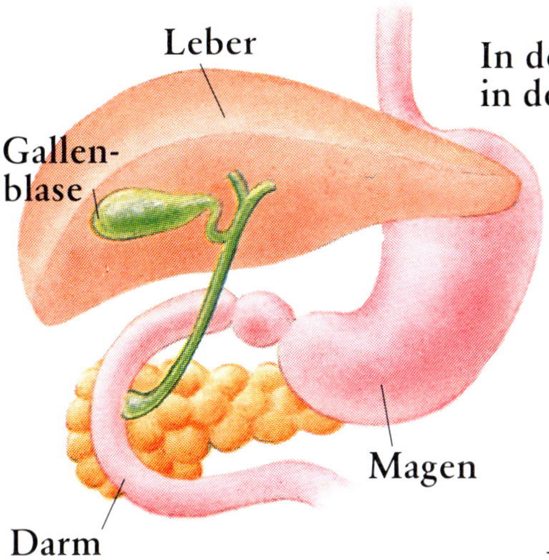

In der Leber wird Gallensaft gebildet, der in der Gallenblase gesammelt wird. Befindet sich Fett im Nahrungsbrei, fließt Galle in den Darm und löst es auf.

Wenn du ißt, kaust du und zerkleinerst so die Nahrung zu einem Brei. Den schluckst du. Er rutscht die Speiseröhre hinunter und wird im Magen weiter zerkleinert. Dann gleitet er in den Dünndarm. Dort werden brauchbare und unbrauchbare Stoffe getrennt. Das Unbrauchbare gelangt in den Dickdarm und von dort in den Mastdarm. Ist der Mastdarm voll, verspürst du den Drang, auf die Toilette gehen zu müssen.
Die brauchbaren Stoffe gelangen ins Blut und werden zu den Zellen geführt, die sich davon ernähren. Was die Zellen nicht verwerten können, geben sie an das Blut zurück.

Dieser Junge hat Bauchschmerzen. Vielleicht hat er nur zuviel gegessen.

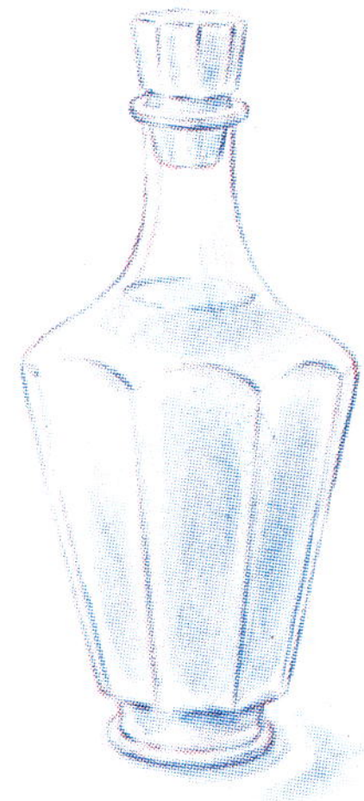

Um ein solides Haus zu bauen, braucht man gutes Baumaterial. Auch du hast ein herrliches Haus, deinen Körper. Damit er gesund bleibt, brauchst du gute Nahrung. Am liebsten würdest du sicher den ganzen Tag Schokolade essen oder Bonbons lutschen. Leider ist das nicht gesund. Dein Körper braucht viele verschiedene Nahrungsmittel: Obst und Gemüse, Fleisch, Fisch, Eier und Milchprodukte. Sie enthalten alle wichtigen Bausteine für dich. Und wenn du dann hin und wieder Süßes ißt, brauchst du kein schlechtes Gewissen zu haben.

Kennst du die Nahrungsmittel auf der linken Seite? Sie sind verschiedener Herkunft: Fleisch, Käse, Wurst und Milch z. B. liefert uns das Tier. Gemüse, Obst und Getreide sind pflanzlich und wachsen auf dem Feld oder im Garten.

Wieso kann ein Körper so gut funktionieren?

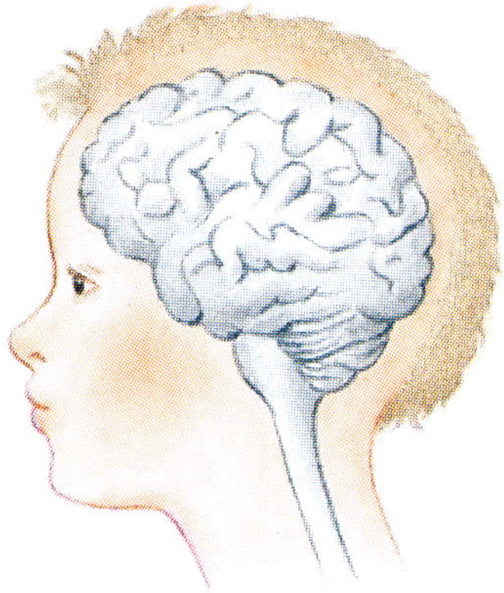

Das Gehirn ist das kompliziertteste und geheimnisvollste Organ deines Körpers. Es ist die oberste Nachrichten- und Befehlszentrale. Dort laufen ständig Signale der Sinnesnerven – zum Beispiel von der Haut – ein und werden gedeutet. Das Rückenmark, in der Wirbelsäule gut geschützt, ist eine untergeordnete Schaltzentrale. An beiden Seiten des Gehirns und des Rückenmarks hängen Nerven. Sie leiten Meldungen von Sinnesorganen, etwa dem Auge, zum Rückenmark oder zum Gehirn. Außerdem übertragen sie Steuersignale vom Gehirn oder dem Rückenmark zu den Muskeln. Nerven arbeiten etwa so wie eine Telefonzentrale.

Du hast dich verbrannt: Die Nerven der Haut melden das dem Gehirn, du fühlst sofort einen heftigen Schmerz und zuckst zurück.

Dein Gehirn sagt dir, daß du den Würfel in das Viereck stecken mußt.

Du besitzt fünf Sinne: den Geruch, den Geschmack, das Gehör, das Sehen und das Tasten. Die Sinne werden vom Gehirn gesteuert.

Ununterbrochen erhält und sendet das Gehirn Nachrichten, sortiert sie und reagiert darauf.
Die Nervenstränge sind die Leitungen, die Botschaften befördern. Du streichelst bewußt das Fell eines Hundes. Deine Hand spürt das Fell, deine Augen sehen das Tier. Diese Informationen erhält das Gehirn. Andere Reaktionen der Nerven kannst du nicht beeinflussen: das Schlagen deines Herzens, das Atmen …

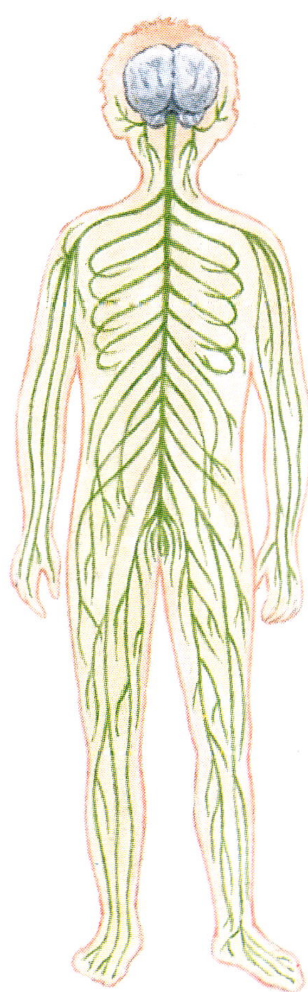

Rechtshänder oder Linkshänder? Dein Gehirn ist in eine rechte und eine linke Hälfte eingeteilt. Jede Hälfte steuert die Bewegungen der ihr gegenüberliegenden Körperseite. Bist du Rechtshänder, so ist die linke Gehirnhälfte stärker ausgeprägt. Beim Linkshänder ist es genau umgekehrt.

Du fröstelst, fühlst dich schlecht und bekommst Fieber.
Du wirst also krank.

Unsichtbare kleine Lebewesen leben in deinem Körper und auf der Haut: die Bakterien und Viren. Manche Bakterien sind nützlich. Du brauchst sie zum Beispiel im Darm für die Verdauung. Es gibt aber auch schädliche Bakterien. Wenn du dich verletzt, können durch die Wunde Bakterien in den Körper eindringen. Die weißen Blutkörperchen eilen sofort herbei, um die Eindringlinge (Krankheitserreger) zu vernichten. Der Kampf ist sehr heftig, und du bekommst Fieber.

Beim Husten oder Niesen schleuderst du Bakterien hinaus. Deshalb benutze dabei immer ein Taschentuch.

Die weißen Blutkörperchen greifen an.

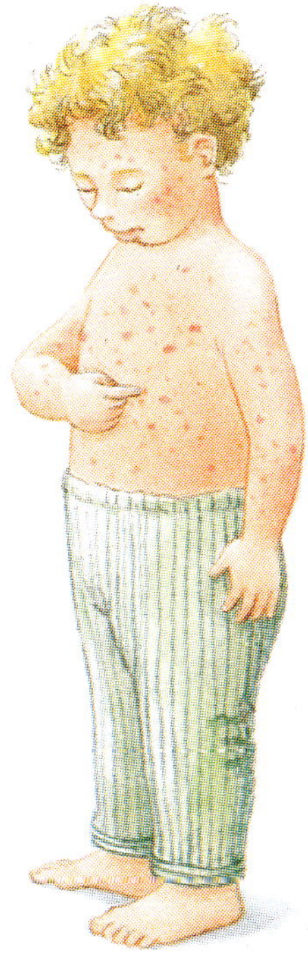

Die weißen Blutkörperchen fressen die Krankheitserreger. Das Knochenmark, das die Blutkörperchen bildet, muß schneller arbeiten. Wenn das nicht genügt, helfen dir Medikamente. Auch Impfungen können zahlreiche Krankheiten verhindern: Masern, Röteln, Mumps und Keuchhusten sind heute deshalb bei uns nicht mehr so schlimm. In den sogenannten Dritte-Welt-Ländern, zum Beispiel in Afrika, sterben noch immer viele Kinder an Masern. Diese Krankheiten nennt man auch Kinderkrankheiten, weil meistens Kinder daran erkranken.

Im warmen Bett zu bleiben, ist ein gutes Mittel, um gesund zu werden.

So bleibst du gesund und fit: Es gibt für deinen Körper nichts Besseres als Spiel, Bewegung und Sport.

Beim Kinderarzt werden deine Größe und dein Gewicht regelmäßig gemessen. Die Impfungen werden ins Impfbuch eingetragen.

Man muß sich jeden Tag waschen. Aber ein Bad brauchst du nicht täglich. Außerdem hilft Duschen kostbares Wasser sparen.

Eltern mahnen immer: Sitz gerade!

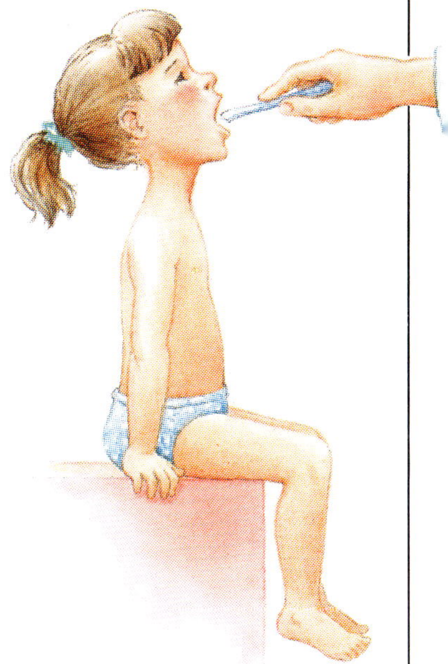

Dein Körper ist ein Wunder. Er arbeitet Tag und Nacht.

Morgens springst du voller Tatendrang aus dem Bett. Den ganzen Tag arbeitet dein Körper. Du weißt jetzt, wie viele Teile von ihm ständig in Bewegung sind, auch wenn du ausruhst. Du kannst auch etwas für ihn tun: Wenn du zum Beispiel viel Schokolade gegessen hast, dann putz dir gründlich die Zähne. So bleiben sie gesund und bekommen keine schmerzenden Löcher.

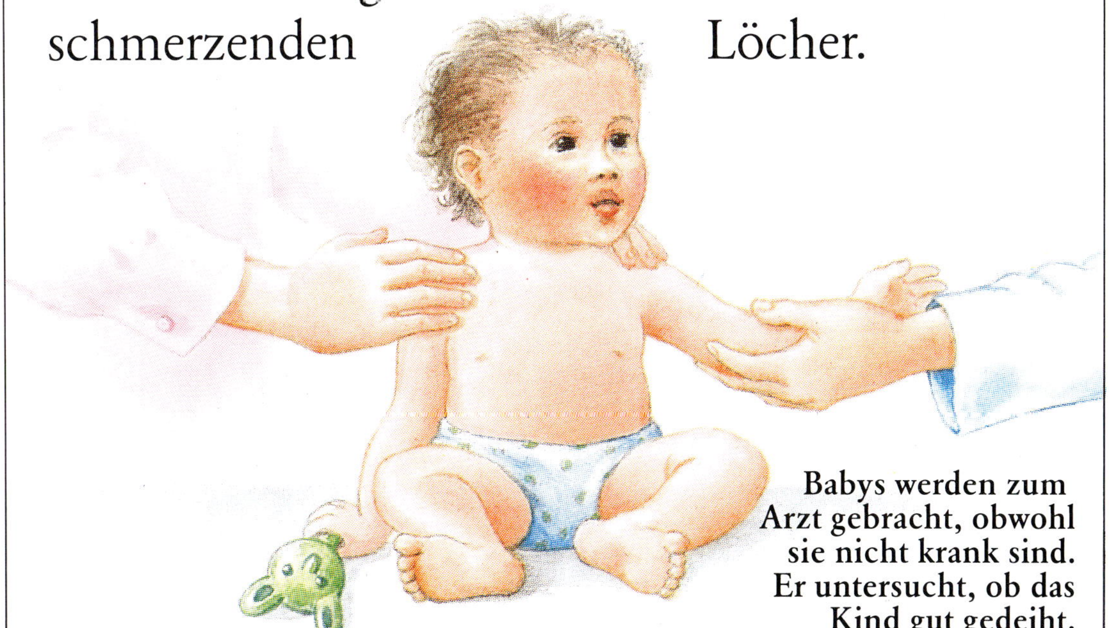

Babys werden zum Arzt gebracht, obwohl sie nicht krank sind. Er untersucht, ob das Kind gut gedeiht.

Im Frühling, wenn es wärmer wird, werden auch die Krankheitserreger wieder aktiver.

Der Lebensrhythmus.

Unser Körper arbeitet in einem gleichmäßigen Wechsel. Tages- und Jahreszeiten, Kälte und Wärme beeinflussen diesen Rhythmus. Manche Menschen sind abends wacher als morgens. Bist du ein Frühaufsteher? Schulkinder können leider nicht so lange schlafen, wie sie gern möchten. Im Winter essen viele Menschen mehr als im Sommer. Bei Kälte verbraucht unser Körper mehr Energie.

Im Sommer speichern wir durch die Sonne Vitamin D. Das ist für den Körper wichtig.

Im Herbst werden die Tiere langsamer und träger. Auf den Feldern wird jetzt geerntet.

Unser Organismus besitzt so etwas wie eine innere Uhr.

Nachts verändern oder verlangsamen sich viele Funktionen in unserem Körper. Der Atem wird ruhig und gleichmäßiger. Meist schlafen Kinder zehn bis zwölf Stunden. Erwachsene brauchen nur acht Stunden Schlaf, um ausgeschlafen zu sein. Morgens ist unsere Körpertemperatur immer niedriger als am Abend.

Einige Tiere schlafen den ganzen Winter über. Uns fällt es schwer, früh aufzustehen, wenn es draußen noch dunkel ist.

Kindergebetchen

Lieber Gott, ich liege
Im Bett. Ich weiß, ich wiege
Seit gestern fünfunddreißig Pfund.
Halte Pa und Ma gesund.
Ich bin ein armes Zwiebelchen,
Nimm mir das nicht übelchen.

Lieber Gott, recht gute Nacht.
Ich hab noch schnell Pipi gemacht,
Damit ich von dir träume.
Ich stelle mir den Himmel vor
Wie hinterm Brandenburger Tor
Die Lindenbäume.
Nimm meine Worte freundlich hin,
Weil ich schon sehr erwachsen bin.

Joachim Ringelnatz
aus: Das Gesamtwerk, Band 1